AF273003

Kustantaja: BoD – Books on Demand, Helsinki, Suomi
Valmistaja: BoD – Books on Demand, Norderstedt, Saksa

ISBN: 978-952-80-6127-4

Hattu päästä maailma ja kumarsin. Teit kaikkesi. Ei kiveäkään
jäänyt kääntämättä. Tekoakaan tekemättä. Hymyillen vilkutit.
Kun luulit. Hautaa kohden kävelin. Kohtaamaan loppuni.
Arvostan sitä kaikkea. Verta ja hikeä. Työtäsi minun tähden.
Jolla hautaa kaivoit minua varten. Ei anteeksi pyydellä.
Puolin ja toisin voimme hymyillä. Taistelimme loppuun asti.
Voittajaksi selvisin niukasti. Kättelyt päälle.
Huomenna annetaan uudestaan tilaa meille.
Kahdelle muiden hylkäämille.

Olen pelännyt.
Sanoja varonut.
Rakkautta tunnustaa.
 Tarinoita tai runoja siitä kirjoittaa.
Olen pelännyt.
Siveltimen vetoja varonut.
Rakkautta maalaa.
 Tauluja tai graffiteja tuottaa.
Olen pelännyt.
 Kaikkea tuota karttanut.
Itseni olla uskaltaa.
Rakkauttani ilman pelkoa huutaa.

Jokainen matka alkaa jostakin.
Läpi tyynen ja tyrskyjen päättyy johonkin.
Matka on se joka mieleen jää.
Vaikka kuinka hieno olisi määränpää.
Tuulta voit pyytää purjeisiin.
Jos et saa, ota muut avuksi airoihin.
Vaikka yksin lähtisit matkaan.
Yksin saapuisit satamaan.
Jotain jäät kaipaamaan.
Kumppaneita, jotka saavat tuntemaan.
Astu laivaan elämän.
Purjehdi vaikka läpi meren myrskyisän.
Saavu satamaan suojaisaan.
Laiturilta katso ulappaa.
Ehkä matkaa vielä suurempaa.
Tiedät siellä se odottaa.
Elämäksi sitä kutsutaan.

Elä hetkessä.
Avoinna kuin aava meri.
On elämä edessäsi.
Käytä se hyvin.
Älä myrskyä turhaan odota.
Elä hetkessä.
Ei eilisessä eikä huomisessa.
Elä nyt kun elämä on.

Valosta varjoon. Vai toisinpäin.
Minne matkaat. Kulkija yksinäinen.
Katse kaukaisuuteen. Vai viereen.
Minne katsot. Kulkija hiljainen.
Onnesta suruun. Vai toisinpäin.
Kumpaan hyppäät. Kulkija surullinen.
Varjosta valoon. Ei toisinpäin.
Sinne matkaa. Katso viereen.
Suru varjoihin jää.
Onni valosta sinut paremmin löytää.

Good save the Queen.
Laulut raikaavat.
Ihmiset huutavat ja hurraavat.
Itselle vain yksi merkitsee.
Elämäni kuningatar.
Se joka sydäntäni hallitsee.
Lauluun voisin yhtyä.
Mutta miksi.
Kun olet jo vierellä.
Voisimme yhdessä laulaa.
Tai olla ihan hiljaa.
Toisiamme vain rakastaa.

Voi olla ensimmäinen tai viimeinen.
Välissä kaiken.
Siinä missä vähiten odotat.
Huomaamatta ohitat.
Kanssa jonkun.
Syvempi kuin koskaan.
Pinnalla tai syvällä.
Sydämen perällä.
Voi olla mitä vaan.
Tai olla olematta.
Huomenna unohdettu.
Tänään juhlittu.
Se jossa kaikki on.
Missä kaikki päättyy.
Olet nyt tai ainiaan.
Sitä hetki on.

Luodaanko yhdessä huominen.
Tarina kahden yksinäisen.
Alkaa yönä myrskyisen.
Edessä aamu aurinkoinen.
Kertomus kahden kuolevaisen.
Kumpikaan ei ole
rakkauden ammattilainen.
Silti valloittaa sydämen.
Sen tärkeimmän ihmisen.

Liu'uin yli usvan.
Vartalosi vaipan.
Antauduin suudelmaan.
Sieluni sulattavaan.
Nautin hetkestä.
Kuumasta ja kiihkeästä.
Otan kaiken.
Sinusta aloittaen.
Epäröi en.
Vaan otan sen.
Mikä kuuluu minulle.
Vain nautinnon
jätän sinulle.

Olen tuhannen tarinan mies.
Minkä haluaisit kuulla.
Sen joka hymyn irrottaa.
Naurut kirvoittaa.
Sen joka tunteet esiin kaivaa.
Kyyneleet poskille valuttaa.
Vai kuulla sen yhden ja ainoan.
Vailla onnellista loppua.
Kerro vaan.
Pääsen sitten kertomaan.
Taituroimaan sanoilla.
Tuhannen tarinan mies olla.

Aamun ensi säteet.
Ne sydämesi pintaa pyyhkii.
Lämmittää mieltäsi.
Sieluasi sivelee.
Hymyn kauneimman.
Kasvoillesi luovat.
Onnen kyyneleet.
Poskillesi tuovat.
Aamun ensi säteet.
Eilisen pyyhkii pois.
Muistot kultaa.
Surun vie tullessaan.
Itkun lopettaa.
Aamun ensi säteet.
Aurinko vielä unillaan.
Minä siinä vierellä.
Sydän rakkautta pursuaa.
Kerron sen huulilla.
Täydellisellä suudelmalla.
Korvaasi kuiskaamalla.
Olethan siinä myös huomenna.

Ota uniin.
Noihin haavekuviin.
Missä rajoja ei tunneta.
Rakkaus on ilmaista.
Ota uniin.
Noihin ei niin puhtoisiin.
Missä haaveet ovat mahdollisia.
Kiihko loputonta.
Ota uniin.
Noihin kuumiin ja upeisiin.
Missä tehdä voi kaikkea.
Herätä ja tehdä uudestaan.

Hengitä syvään.
Pian sukellat.
Kiihkoon täydelliseen.
Hengityksesi salpaa.
Sydämesi tykyttää.
Hengitä syvään.
Anna itsesi.
Nautintoon antaudu.
Rohkeasti huipulle.
Voit huutaa.
Hengitä syvään.
Ota se mikä kuuluu sinulle.
Nyt ei kainostella.
Löydä itsestäsi.
Täydellinen nautinto.

Huokaus läpi huoneen.
Sieluni repaleinen paranee.
Yksin ei pystyisikään.
Sinä palaset pystyt yhdistämään.
Tehtävän mahdottoman otit vastaan.
Kuiskasit.
Tämä tulee onnistumaan.
Haavani syvät paranee.
Suudelmasi siihen kykenee.
Huokaan uudestaan.
Ymmärrän.
Tämä tulee onnistumaan.

Jos olisin tie.
Kulkisitko sitä pitkin.
Jos olisin joki.
Meloisitko sitä myötävirtaan.
Jos olisin meri.
Purjehtisitko ulapalleni.
Jos olisin jonkun.
Olisinko sinun.

Tiedätkö tunteen.
Kun odotat kohtaamista.
Haaveiden todeksi tulemista
Tiedätkö tunteen.
Kun odotat kosketusta.
Sormen pientä hipaisua.
Tiedätkö tunteen.
Kun odotat suudelmaa.
Huulien kohtaamista.
Tiedätkö tunteen.
Kun tiedät, tässä se on.

Tuhansien vuosien päähän.
Vaikka nyt yksinään.
Olen valmis odottamaan.
Kilometrejä miljoonia kulkemaan.
Hiljaa paikoillani olemaan.
Kuiskaamalla puhumaan.
Vailla kyyneleitä suremaan.
Ilman naurua iloitsemaan.
Vain jos niillä saan.
Sinut omakseni kokonaan.

Kuin viljaa olen.
Tuulessa huojuva.
Silti taipumaton.
Vettä virvoittavaa kaipaan.
Kuin sinua.
Kuin viljaa olen.
Myrskyjä pelkäävä.
Säteiden voimaannuttava.
Kuin sinusta.
Kuin viljaa olen.
Joukossa muiden.
Silti niin yksin.
Jotain kaivaten.
Vain sinua.

Olemme sanoihin kahlittuja.
Etäisyyden vankeja.
Yksinäisiä sieluja.
Olemme kaipuuta huutavia.
Toisesta haaveilevia.
Kosketusta odottavia.
Olemme yhdessä erillään.
Ajatuksissa yhtenään.
Toistensa sydämissään.

Olen vaeltanut.
Läpi usvan ja yön.
Paljon löytänyt.
Hyvää ja huonoa.
Intohimoa ja rakkautta.
Vihaa ja pelkoa.
En etsinyt mitään.
Löysin kaiken.
Osa minuun sulautui.
Toiset mukanaan vei.
Yksin ollut ja jäänyt.
Monien kokemusten jälkeen.
Nyt vain katson huomiseen.
Hymyilen. Tiedän mitä teen.
Vaellan vaan.
Vailla murheita ja taakkaa.
Katsomatta menneisyyteen.

Ohi ammuskelee. Amor kiroilee.
Onko hyötyä nuolista.
Jotka eksyvät maalista.
Sydän liian pieni on.
Amor ampuja surkea ja lahjaton.
Olisiko aika oppia hakea.
Ottaa ammattilaisen apua.
Joka nuolet saa osumaan.
Upotettua sydämeen kovimpaan.
Amor kateellisena voi katsoa.
Kun sinä virität jousta.
Otit maaliksi sydämen.
Se sykkii rinnassa tämän miehen.

Aamuun herätän.
Kiusoitellen huulilla.
Kärjellä kielen.
Älä silmiäsi avaa.
Avaa itsesi.
Ole kuningatar minun.
Palvelijana toimin sinun.
Päivä ei vielä tule.
Me tulemme.
Huutaen nimiä toisiemme.
Tulkoon päivä jälkeen sen.
Otamme vastaan hymyillen.

Kuiskaa.
Edes sana.
Älä ääneen.
Voit ääneti kertoa.
Huulilla huulille sanoa.
Huuda.
Vaikka hiljaa.
Purra minun kaulaani.
Voit rajusti kertoa.
Rakastella kuin olisin ainoa.
Koskettaa.
Raapia sielua.
Olla sydämeni domina.

Matkalla onneen ja takaisin

Älkää minua unesta herättäkö.
Olen siellä onnellinen.
Jäädä sinne ikuisesti,
Antakaa siis vielä nukkua.
Älkää minua unesta herättäkö.
Olen siellä kanssa hänen.
Voisin olla ikuisesti.
Antakaa siis vielä nauttia.
Älkää minua unesta herättäkö.

Tunnetko käteni liukuvan.
Ihosi sileää pintaa.
Etsivän jotain.
Millä nautintoa tuottaa.
Siveltimen vetoja.
Kauniilla kankaalla.
Nautinnon sävyjä.
Sinun vartalolla.
Tavoite kirkas.
Tiedät sen jo.
Saada sinulle orgasmi.
Toiveittesi täyttymys.
Tajunnan räjäytys
Väreitä iholla.
Huokailua ilmaan.
Kosketuksia kuumia.
Suudelmia kuumempia.
Nautinnon sävyjä.
Katson himoiten.
Tavoite kirkkaana.
Saada sinulle.
Orgasmi uudestaan ja uudestaan.

Jos olisin sana.
Lausuisitko minut.
Tekisitkö lauseen.
Kirjaksi minut hyllyysi loisit.
Jos olisin kuva.
Näyttäisitkö muille.
Kehyksiin laittaisit.
Parhaalle paikalle ripustaisit.
Jos olisin uni.
Ottaisitko jokaiseen yöhön.
Haluaisitko pidempään nukkua.
Herätessä kokisitko ikävää.

Suutele minua.
Hellästi hyväile.
Kuiskaa korvaani.
Lailla kesätuulen.
Hivele mieltäni.
Ihoani.
Levitä siipesi.
Näytä värisi.
Ole rakkauteni.
Edes hetken
minun perhoseni.

Olen voittanut enemmän kuin koskaan.
Vaikka kukaan ei sitä näe.
Ollut ensimmäinen useamman kerran.
Vaikka muut ei sitä tiedä.
Olen paras useammin kuin kukaan.
Vaikka ette sitä tiedä.
Ollut ylivoimainen.
Vaikka mitään ulos ei näy.
Olen vahvempi kuin ketään.
Vaikka ei sitä usko.
Ollut haavoittumaton.
Vaikka täynnä haavoja oon.
Olen hymyillyt aina.
Vaikka kyyneleitä vain näkyy.
Olen itselleni tunnustanut.
Vaikka muille en.
Ollut rohkea sisäisesti.
Vaikka maailmaa ympärillä kaatuu.
Olen löytänyt itseni.
Vaikka vastaan olen itseäni ollut.
En ole tappioon tyytynyt.
Olen voittaja nyt.

Entä jos olisin kävellyt onneni ohi.
Jos silmät kiinni olisin lipunut.
Ollut onnellinen onnettomana.
Entä jos et olisi kävellyt vastaan.
Jos et olisi silmiäni avannut.
Ollut onneton onnen huomaten.
Entä jos olisimme ohi kävelleet.
Hymyn jakaneet.
Tietämättä syytä hymyyn.
Entä jos olisimmekin kohdanneet.
Syyllistyneet hymyyn.
Olisimmeko ymmärtäneet.
Tähän jäädä kannattaa.
Antaa toisen oman rakkauden ottaa.

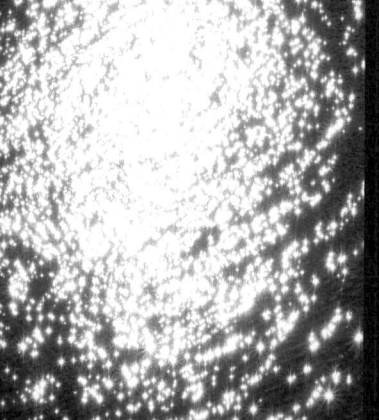

Voisitko rakastaa minua nyt.
Nyt kun olen paikalla.
Ojentaisinko sydämen.
Nyt kun siihen yletyt.
Antaisitko minulle mahdollisuuden.
Nyt kun olen edessäsi.
Voisitko olla minun.
Nyt kun kaikki muut ovat menneet.

Näen kyyneleesi.
Kurotan kuivaamaan.
En saavuta sinua.
Vaikka haluan.
Tunnen nyt omani.
Kyyneleet lämpimät.
Puroksi muuttuvat.
Jokena mereen laskevat.
Kyyneleesi siellä kohtaavat.
Vihdoin yhdessä.
Vaikka vailla kosketusta.

Luo varjojen. Taakse valon rajojen.
Polku joskus kuljettaa.
Taittamaan joutuu matkaa.
Kauas unholaan.
Täytyy vaeltaa.
Kunnes valoon kurkottaa.
Hapuilla aamua sarastavaa.
Matkaa uutta alkavaa.
Kautta pimeyden.
Voi löytää valoisuuden.
Läpi synkkien öiden.
Saavuttaa aamun täydellisen.
Sulje silmäsi.
Vain hetkeksi.
Avaa nähdäksesi.
Valon uuden polkusi.

Hiljaa pimeys hiipi luoksemme.
Peitteli toisemme.
Ei valolle anna mahdollisuutta.
Päivän pois hautaa.
Silittelee uneen.
Jatkuvaan painajaiseen.
Odotan jo aamua.
Päivää uutta.
Tämä voidaan unohtaa.
Hautaan seuraksi menneiden saattaa.
Pimeyden sivuun työnnämme.
Huomiselle tilaa annamme.
Aurinko sen täyttää valolla.
Antaa uskon parempaan.
Päiviin, joissa valo on voittaja.

Miten voisin sekunnit minuuteiksi muuttaa.
Jos vain hetken kanssasi saan.
Kuinka minuutit pystyisin tunneiksi taivuttaa.
Jos vain muutaman voin kanssasi ollakaan.
Pystyisinkö vielä hieman venyttämään aikaa.
Jos sinut onnistuisin vierelleni kaappaamaan.
Voisiko tunti mitan vuorokauden saavuttaa.
Jos sillä muun maailman voisimme vihdoin unohtaa.
Nuo jos voisin toteuttaa.
Enää pyytäisin yhtä vaan.
Tai sitten voisin vain ottaa.
Sen yhden yhteisen sekunnin meille valjastaa.

Sanoja sanottu.
Tekoja tehty.
Runoja kirjoitettu.
Tauluja maalattu.
Onko niillä rakkaus muutettu.
Kauneus kauniimmaksi saatu.
Voiko vielä muuttaa.
Sanat paremmaksi taittaa.
Taulut värikkäämmiksi maalauttaa.
Rakkauden saada kukkimaan.
Vai riittääkö pienempi.
Sana parempi.
Taulu tarkempi.
Sellainen, jossa tärkein on mallina.
Värien saagana.
Minun rakkaana.
Olisiko vastaus niin helppoa.
Sinä vastauksena.

Tuletko vastaan.
Jos jaksa en koko matkaa.
Tuekseni.
Tuletko vastaan.
Autatko loppuun asti.
Tuletko turvakseni.
Tuletko vastaan.
Edes vähäsen.
Ei koko matkaa.
Tuletko vastaan.
Tule vaikka puolimatkaan.

Koitto aamun kaukaiselta tuntuu.
Hapuilen sitä kuin sinua, kun olet poissa.
Säteitä auringon ahmin.
Kuin huuleni huuliasi, kun olet täällä.
Paisteessa päivän vapaudun.
Kuten minä, kun vihdoin saavut.

Hiljaa. Kuuntele.
Hengittämättä.
Kuuletko.
Kaikki on tässä.
Kaikki on nyt.
Muuta tarvitse et.
Pysähdy.
Katsele.
Räpäyttämättä.
Näetkö.
Kaikki on siinä.
Muuta kaipaa et.
Ole siinä.
Ole sinä.
Anna itsesi.
Se on kaikkesi.
Älä muutu.
Ole itsesi.

Kuljetan sinua.
Kohti huippua.
Tunnet ihollasi.
Pehmeät suudelmani.
Anna itsesi.
Omistan nautintosi.
Tunne minut.
Otan sinut.
En vain hellästi.
Vaan vaativasti.
Olet nyt minun.
Minä sinun.
Saavutamme sen.
Nautinnon täydellisen.

Tunnetko käteni.
Ihoasi piirtävä.
Kuin taulua kauneinta maalaisi.
Välillä hellästi.
Joskus rajusti.
Vangitsee hetken.
Huokauksen huuliltasi.
Väreiksi muuttaa.
Loistaa kuin lyhdyt punaiset.
Odotat lisää.
Siveltimen vetoja.
Suudelmia vaativia.
Huulten ja kielen leikkiä.
Ei vasten sinun omia.
Lopuksi lupaa sen.
Huipun täydellisen.
Taiteilijan signeerauksen.

Tule kiinni. Aivan iholle.
Tunne kuinka olen valmiina sinulle.
Suutele lujaa.
Nauti kiihkosta.
Tunne kieleni se leikkii sinulla.
Avaa itsesi.
Aivan kokonaan.
Tunne miehuuteni.
Se nauttii sinusta.
Tunnen suudelmasi huulillani.
Hengityksen kiihkeän.
Haluan ahmia sinua.
Nauttia hetkestä.
Anna itsesi.
Näytän sen.
Nautinnon täydellisen.

Saisinko takaisin hetken.
Jossa kaikki oli.
Hetken edes pienen.
Joka hymyilemään sai.
Huuliltasi varastin sen.
Saisinko takaisin hetken,
Jossa sinä olit.
Hetken edes sekunnin mittaisen.
Jonka onnelliseksi sait.
Silloin varastit mun sydämen.
Saisinko takaisin hetken.
Jossa me olimme.
Hetken täydellisen.
Jolloin vihdoin ymmärsimme.
Tämä on hetki meidän rakkauden.

Pimeyteen eksyin.
Hapuilin katkaisinta.
En valoa.
Tuskan poistavaa.
En löytänyt etsimääni.
Käteni tyhjää haroi.
Kunnes tavoitin.
Kaiken mitä etsin.
Tunnustelin varoen.
Jotta uskoisin.
Tällä pimeys unohtuu.
Eksyneelle valo löytyy.
Hapuilu loppuu.
Vartalosi pintaa hivelin.
Silloin ymmärsin.
Nyt olen onnellinen.

Hivele minua.
Tiedät miten.
Hulluksi tee.
Nautin sinusta.
Tiedät miten.
Pitkään ja hitaasti.
Suutelen sinua.
Tiedät miten.
Kuumaksi teen.
Nautit minusta.
Tiedät miten.
Ihan kokonaan.
Kosketa minua.
Tiedät miten.
Kovaksi tee.
Nautin sinusta.
Tiedät miten.
Maistan sinua.
Nautit minusta.
Tiedät miten.
Kuumaksi teen.
Vielä kertaalleen.
Kierros uudestaan.
Nautinnon huipulle,
Toinen toistaan kuljettaa.

Jos aamun ensi säde olisi hymysi.
En muuta enää katsoisi.
Jos aamun ensi sade olisi pehmeä suudelmasi.
En enempää pyytää voisi.
Jos aamun ensi lämpö olisi sinun vartalosi.
En kieltäytymään pystyisi.
Jos aamu olisit sinä.
En päivää enää kaipaisi.

Kun katson sinuun.
Kysyt aina mitä ajattelen.
Ajattelenko murheita maailman.
Olenko jonnekin menossa.
Pelkäänkö jotain.
Miksi hiljaa olen.
Olenko sanat kadottanut.
Unohtanut mitä sanoa pitäisi.
Kun katson sinuun.
Katson vain kauneutta.
Sitä joka minut sanattomaksi tekee.
Murheet maailman kadottaa.
Pelot iloksi muuttaa.
Antaa syyn tähän jäädä.

Kuiskasin sinulle.
Voisin maailman ojentaa.
Vaikka en kokonaan.
Edes pienen palan.
Otatko vastaan.
Itseni voin antaa.

Halauksia ilmaan.
Suudelmia tuuleen.
Viestejä avaruuteen.
Kaipuuta tyhjyyteen.
Senkö saavuttaneet olemme.
Tarkoitettu toisillemme.
Ainoa mitä omistamme.
Yhteinen kohtalomme.
Meidän rakkautemme.

Emmehän me voineet tietää.
Elämä oli tässä ja nyt.
Pelkäsimme ymmärtää.
Kaikki ei ollutkaan vielä mennyt.
Katsoimme toisiimme.
Olemme tässä ja nyt.
Meidät oli tehty toisillemme.
Rakkaus oli syntynyt.
Emme uskaltaneet kuitenkaan.
Juuri tässä ja nyt.
Totuuteen sukeltaa.
Vaalimme silti liekkiä mikä oli syttynyt.

Oli vain sana.
Se lauseeksi halusi.
Ei suureksi.
Edes pieneksi.
Halusi näkyviin.
Vaikka vain kuiskauksiin.
Joku edes lausuisi.
Kertakin riittäisi.
Oli vain sana.
Niin yksinäinen.
Etsi sopivaa.
Kertojaa tai lausujaa.
Halusi edes kuulluksi.
Ehkä vain kerraksi.
Etsi toisia.
Yhtä yksinäisiä.
Löysikin muutaman.
Päättivät yhdessä olla.
Niin heidät tunnetaan.
Vai tunnetko kuitenkaan.
Minä rakastan sinua.

Emmehän tienneet määränpäätä.
Se meille ennalta määrättiin.
Emme ymmärtäneet tulevaa.
Sillä tulevaisuus tuotiin eteemme.
Emmehän tunteneet parastamme.
Meille paras oli jo tietämättä annettu.
Emme osanneet katsoa.
Ihan vierelle katsetta laittaa.
Sillä siinä oli kaikki.

Tähtiin kirjoitimme.
Koska kohtalo ei sitä tehnyt.
Pilvilinnoja maalasimme.
Koska muut eivät onnistuneet.
Reittimme löysimme.
Koska meille se piirretty oli.
Esiripun revimme.
Koska näyttämö kuuluu meille.
Yöhön huusimme.
Koska muut ei kuulla halunneet.
Rakkauden näytimme.
Koska meillä oli se.

Jokainen suudelma vie minut lähemmäksi.
Etsimääni onnea.
Eheää sydäntä.
Kaikki kosketukset luovat parempaa.
Uskoa tulevaan.
Jokainen hetki vie minut lähemmäksi.
Etsimääni rakkautta.
Liekehtivää sydäntä.
Kaikki kosketukset sen lupaavat.
Olet minun.
Nyt ja ainiaan.

Haluatko minua.
Hellästi. Kera kiihkeiden suudelmien.
Vai kaipaatko rajuutta.
Kera vaativuuden nautinnosta.
Oletko valmiina itsesi antamaan.
Tiedät tulen sinut ottamaan.
Nostan sinut taivaisiin.
Nautinnon hetkiin täydellisiin.
Kerron sinun roolisi.
Sen josta kertovat haaveesi.
Nyt se hetki koittaa.
Ole valmis ja kiltti.
Toiveesi luetaan.
Hengitä syvään ja odota.
Tänään olen sinun nautintosi Omistaja.

Tunnetko sen.
Minun kiihkeyden.
Tunnetko miten.
Sinua himoitsen.
Tunnetko kaiken.
Minut ja kovuuden.
Haluan sinua.
Aivan kokonaan.
Haluan tuntea.
Sinun kostuvan.
Haluan kaikkea.
Seksiä upeinta.

Aamun ensi kuiskaus.
Huulilta huulille.
Kertoo jo kaiken.
Ensimmäinen kosketus.
Iho vasten ihoa.
Nostaa kiihkon.
Haluan sinua.
Nyt ja kokonaan.
Viedä sinut huipulle.
Lopuksi hellästi Kuiskaan.
Huomenta rakas
Saanko tänään maailman
Sinulle ojentaa.

On sanoja sanottu.
Tekoja tehty.
Runoja kirjoitettu.
Tauluja maalattu.
Onko niillä rakkaus muutettu.
Kauneus paremmaksi saatu.
Voiko jollain vielä muuttaa.
Sanat paremmaksi taittaa.
Taulut värikkäämmiksi maalauttaa.
Rakkauden saada kukkimaan.
Vai riittääkö pienempi.
Sana yksi parempi.
Taulu hieman tarkempi.
Sellainen, jossa tärkein on mallina.
Värien saagana.
Minun rakkaana.
Olisiko vastaus niin helppoa.
Tarkoitan kaikella sinua.

Saavutimme sen.
Löysimme onnen.
Silti ymmärrämme.
Jatkuu matkamme.
Sillä niinhän elämä menee.
Matkaa jokainen aina tekee.
Olemme joko tulossa.
Pois menossa.
Matkalla johonkin.
Ehkä onneen ja takaisin.

Vankeja hetken olimme.
Risteyksessä kohtalomme.
Suuntaa etsimme.
Epätoivoisesti opasta kaipasimme.
Päätöksen tekemään joudumme.
Mihin matkan suuntaamme.
Kun perille pääsemme.
Mitä sieltä löydämme.
Rippeet elämämme.
Vai jotain mitä rakkaudeksi kutsumme.

Kun käteni tavoittelee sinua.
Sydämeni pakahtuu.
Sieluni itkee.
Käsi tyhjyyteen tarttuu.
Olet nyt kaukana.
Mutta tiedän sen.
Annat sieltäkin mitä tarvitsen.
Suljen silmäni.
Tunnen kätesi kosketuksen.
En iholla vaan sisällä sydämen.

Olen kokoon parsittu.
Kerran liikaa jo.
Elämäni saumoistaan ratkennut.
Ei kokoon enää saa.
Olen sideharsoilla peitelty.
Aivan kokonaan.
Elämän voimaa.
Niille vuotanut.
Olen räsynukkena maailman.
Kohteena ivan ja pilkan.
Tikeillä kokoon kasattu.
Irvikuva, jota kaikki tuijottaa.
Olen varjokuva eheyden.
Omistaja sielun pirstaleisen.
Kummajainen, jota kukaan ei enää kaipaa.

Jokainen hetki on kuin muisto.
Muisto
 paremmasta eilisestä.
Katson silti tulevaan.
Vaikka niissä mennyt heijastaa.
Emme voi eilistä muuttaa.
Ellemme muuta ensin huomista.

Yritin kertoa.
Vaillinaisilla sanoilla sanoa.
Yritän olla arvokas.
Vaikka täydellisyydestä kaukana.
Anna minulle anteeksi.
Hutera minuuteni.
Taiteilen nuoralla.
Elämäksi kutsutulla.
Sieltä huudan.
Saanko olla tällainen.
Vaillinainen ihminen.

Olen kahlannut läpi öiden.
Eksynyt sen varjoihin.
Kadottanut elämän.
Uudelleen noussut.
Katsonut valoon.
Huutanut maailmalle.
Tässä olen.
Vaikka vaatteissa.
Sielu alasti.
Haavat syvinä.
Katse eteen.
Ette pysäytä minua.
Huudan uudestaan.
Minä olen.
Siinä missä muutkin.
Ihminen.

Kierrämme kehää.
Pelkäämme pysähtyä.
Jotain vailla. Reunoilla sen.
Kuumeisesti etsien.
Ikuisesti ehkä.
Kierrämme kehää.
Läpäisemätöntä ympyrää.
Kaikkea ja mitään vailla.
Voimme hapuilla.
Ehkä löydämme viimeinen.
Rakkauden meidän kahden.

Lyhdyt katujen.
Kalpeana loistaen.
Valoaan ojentaen.
Varjolle yksinäisen.
Kulkijan unohtuneen.
Yöhön huutelee.
Kaiku kaverinaan.
Matkaansa taittaa.
Huutaa kovempaa.
Kaikukin nauraa.
Kadut ovat sinulle.
Yksinäiselle kulkijalle.
Tai onhan meitä kolme.
Kaiku sanoo sinulle.
Yksinäiset yössä.
Kaiku, varjo ja sinä yhdessä.

Itke nyt kun kyyneleitä on jäljellä.
Itke nyt kun surua vielä on.
Huomenna kaikki on toisin.
Huomenna muisto kultaisin.
Itke nyt kun vielä voit.
Itke nyt kun itkeminen ei ole turhaa.
Huomenna kaikki unohtuu.
Huomenna kaikki nauruun hautautuu.

Heijastuksia pinnassa.
Voidaan hymyksi luulla.
Keskellä toisten.
Silti yksinäinen.
Näyttelet taidolla.
Hymyä valheellista.
Itket kauniisti.
Nauruna esitit.
Joskus murenee.
Pinta väreilee.
Heijastus katoaa.
Hymy hajoaa.
Totuus paljastuu.
Kyyneleiksi vaihtuu.

Voin sanoja kirjoittaa. Taruja kertoa.
Huikeita muistoja tuottaa.
En silti kirjoita.
Suuta muiden kuullen avaa.
Kynää käteen ota.
Sivuille taiteile mitään mullistavaa.
Olen vain tarinan osa.
En voi sitä yksin kirjoittaa.
Paremmaksi luoda.
Kirjaksi hyväksi taittaa.

Nauroimme tuuleen.
Se ilomme vei.
Itkimme puroon.
Se surumme vei.
Jäimme tähän.
Se jäljellä on.
Toivomme vain.
Samoin huomenna on.

Näin jotain.
Nautin hetken.
Kiiltokuvia elämän.
Enempää pystynyt en.
Toiveiden täyttymys.
Minut hämäsi.
Esitteli itsensä.
Rakkautena elämäsi.
En liima löytänyt.
Luulin helppoa olevan.
Kuvaa kiinni saanut.
Silti vasta tajuan.
Kiilto pinnan ei vastaa totuutta.
On pohjimmiltaan vain haavekuvia.

Hymyile. Olet keskipisteessä.
Pääosassa. Piilokamerassa.
Elämäksesi sitä kutsutaan.
Muut saa nauraa.
Kaadut aina uudelleen.
Kamerat sitä tarkkaan kuvailee.
Ethän siitä hermostu.
Iloksi muiden sinut siihen on valittu.
Pääosaan elämääsi.
Verrattoman komedian tähdeksi.

Kaksi hahmoa.
Parempien hetkien varjoja.
Kohti kurkottaa.
Toistensa kättä hamuaa.
Rotko välissä.
Kosketuksen estämässä.
Hauta muistojen.
Kauniiden ja särkyneiden.
Leposija haaveiden.
Sydämien musertuneiden.
Ei riitä kädet nuo.
Rakkaus ei tule heidän luo.
Kaksi hahmoa.
Rakkauden varjoa.
Kääntyy toisaalle.
Pimeyden puolelle.

Sielu raiskattu on.
Tein sen itse.
Vahva ja voittamaton.
Uskottelin minulle.
Kunnes ymmärsin.
Elämäni merkityksen.
Pelin hävisin.
Vaikka pelaamaan en edes
ryhtynyt.
Syyllisen löysin.
Kerron sen tässä ja nyt.
Lapsellinen ja heikko.
Tuo sydämeni.
Juuri se, joka hajottaa.
Enkä tiedä miten ottaisin
sen hallintaan.
Kerta toisensa jälkeen.
Tunne järjen voittaa.
Yksi pelin vain häviää.
Sielu parka aivan yksinään.

Pisarat piiskaa.
Sielua jo niin rikkonaista.
Hetken luulin.
Sateeksi syksyn.
Kunnes tajusin.
Kasteli vain minun posken.
Pysähdyin hetkeksi.
Jos nyt ymmärtäisin.
Olen ihminen.
Saan olla välillä rikkonainen.

Verho hiljaisuuden.
Sulkee meidät.
Kuiskauksia ei kuule.
Vaikka huulille sen kirjoitat.
Yritämme sanoittaa.
Tuskaa sanatonta.
Sydänten taistelua.
Samalla puolella.
Viitta ohdakkeinen.
Rakkaudeksi kutsutaan.
Repii rintaa.
Sanomatta sanaakaan.
Keskellä hiljaisuuden.
Kaksi hahmoa.
Tarinan tähtiä.
Vailla toivomaansa tarinaa.

Kuinka voisin unohtaa.
Sanat, jotka tarkoitettiin satuttamaan.
Olla tuntematta.
Sydämeen lyötyjä tikareita.
Kuinka voisin itkeä.
Kyyneleitä, jotka jo tuhlasin.
Murehtia hymyillen.
Vaikka itkeä haluan.
Kaikki olen jo jättänyt.
Ilot ja surut haudannut.
Kyyneleet kuivannut.
Sydämen paikannut.
Tähän jäänyt.

Miksi kirjoitin sanan.
Vielä toisen.
Tarinan taituroin.
Miten sen tein.
Saatoin sielun avata.
Itseni uhrata.
Milloin tämän lopetan.
Kidutuksen oman.
Sanat loppuun kulutan.
Pisteen tarinalle laitan.

Usvaan eksynyt.
Yön tunteihin kadonnut.
Kaikki nuo tunteet mitä olen kaivannut.
Voiko joku auttaa.
Kädestäni ottaa.
Uuteen aamuun kuljettaa.
Rakkauden uudelleen minulle opettaa.

Huuda lujaa.
Lujempaa.
Voisiko maailma vihdoin kuunnella.
Pidä ääntä kovaa.
Pidä kovempaa.
Ehkä huomiota karjumalla saat.
Keuhkot voit tyhjiksi huutaa.
Ehkä sinut huomataan.
Huuda uudestaan.
Miksi ei edes kaiku vastaa.
Tajuatko vihdoin maailmaa.
Sinut se haluaa unohtaa.

Asema viimeinen on siinä.
Seisot sen edessä.
Katsot ja hymyilet.
Tiedät olevasi perillä.
Enempää et odota.
Et osaisi edes toivoa.
Asema viimeinen on siinä.
Seison sen edessä.
Katson ja hymyilen.
Tiedän olevani perillä.
Enempää en odota.
En osaisi edes toivoa.
Asema viimeinen on siinä.
Kaksi sen edessä.
Katsovat ja hymyilevät.
Ovat päässeet perille.
Kaikki on saavutettu.
Toisensa toiveiden kautta löytäneet.
Asema viimeinen.
Laiturilla sen.
Vain me kaksi seisomme.

Kuinka voi satuttaa.
Vaikka et ole siinä.
Miten arvet aukeavat.
Keskellä yksinäisyyden.
Kuinka voi murtua.
Vaikka lähdit kauas pois.
Miten sydän voi rikkoutua.
Kun aiemmin jo rikkoutui.
Kuinka voi itkeä.
Vaikka ei kyyneleitä oo.
Miten kuivata olematon.
Koska vain sinä tiedät,
Se olemassa on.

Valheet ovat helppoja.
Niillä minut vangittiin.
Vastoin tahtoa.
Elämästä helposta riistettiin.
Makealta maistuvat.
Se kuuluu alkuun.
Myrkkynä toimivat.
Ajavat sinut loppuun.
Kertovat sinun tarinaa.
Kaikkea, jota haluat.
Sokerilla kuorruttaa.
Haaveet turhat.
Lopulta huomaat.
Yksin olet siinä.
Valheiden luomaa.
Luvattu elämä.

Painu helvettiin.
Haluaisin huutaa.
Rikoit minun sydämeni.
Näetkö se vuotaa.
Tee jo palvelus.
Muualle suuntaa.
Mene pois.
En sinua kaipaa.
Painu helvettiin.
Nyt huudan.
Kauemmas kuin koskaan.
Sitä haluan.
Tee se jo.
Jätä rauhaan.
Sielusi on tunnoton.
Arkkuani naulaa.
Rikoit jo kaiken.
Älä enää uudestaan.
Painu helvettiin.
Teit jo kaiken.
Otit sieluni.
Myit halvalla sen.
Veit minuuteni.
Maahan polkien.
Katsoit silmiini.
Lähdit nauraen.
Painu helvettiin.

Olen kirjoittanut.
Satoja sivuja.
Tuhansia kirjaimia.
Ovatko hyödyksi olleet.
Vai taakkana huomiseen
Olen kuunnellut.
Puheita hienoja.
Korulauseita kauniita.
Ovatko mitään antaneet.
Vai pelkkää tuulen huminaa.
Olen rakastanut.
Syvältä ja kovaa.
Oikeasti vain kerran.
Onko mitään jättäneet.
Vai sydän tyhjyyttään kumisee.

Yö hiljaa hellii.
Huntunsa alle väsyneen peittelee.
Kehtolaulua unohdettujen.
Hiljaa korvaan hyräilee.
Lupaa kaikkensa.
Täydellisen unimaailman.
Vailla huomenen koittoa.
Päivää menneisyyttä toistavaa.
Yö hellii ja nukuttaa.
Lupaa kuutamon ikuisen.
Valon sinun sydämeesi.
Kylmän ja kolean.
Väsyneelle sen oikean.

Numeroita koneiston olemmeko.
Palasia muka suurempaa.
Päähän syvään meidät heitettiin.
Vailla uimataitoa.
Pärjäämään vaadittiin.
Vaikka mahdollisuudet reunalle jätettiin.
Murusia olemmeko hajonneen maailman.
Tyydymme kohtaloon.
Vielä hetken räpiköimme.
Kunnes jalat pohjaan koskettaa.
Mahdotonta pintaa tavoittaa.

Ylväänä kuin kuningas.
Lailla tuon tornin seison tässä sillalla.
Olen nyt uuden rajalla.
Kuin pinta tuon veden.
Peiliä tuijotan.
En kaivatakseni eilistä.
Katson hymyä.
Sen jolla huomisen valloitan.
Ylväänä seison tässä sillalla.
Pian uudella rannalla.
Katson tuota tornia.
Olenko nyt kotona.

Jos kaikki onkin jo tapahtunut.
Elämäsi elokuvan lopputekstit loppuun pyörineet.
Mitä jos tarinat ovatkin jo loppu.
Sanat kaikki käytetty.
Olisiko vielä jotain.
Minkä uteliaille antaisit.
Lopputekstien jälkeen yllättäisit.
Takakanteen vielä kirjoittaisit.
Vai onko kaikki jo tapahtunut.
Kela loppuun kulutettu ja kynä pöydälle laskettu.
Voiko sanalla yhdellä kaiken päättää.
Laittaa vaan näkyville.
Loppu.

Sumussa olen liikkunut.
Ilman tietoa suunnasta.
Liukunut läpi elämän.
Vailla mitään määränpäätä.
Yrittänyt huomista metsästää.
Jumiin eiliseen jäänyt.
Vastausta vailla.
Mitä on elämä.
Mitä on rakkaus.
Huomannut sen.
Yksin joudun kokemaan kaiken.

Sanoilla on merkitys.
Ei se miten sanotaan.
Se miten ne kirjoihin kirjataan.
Kynä voi kirjoittaa kaiken.
Itse en kaikkeen kykene.
Kuka kynää liikuttaa.
Olenko se minä vai joku muu.
Joka sanoja ymmärtää.
Kirjan voi paremmaksi täyttää.

Katsoin maailmaa.
Hymyilin leveästi.
Nautin hetkestä.
Ihailin kaikkea.
Näin paljon.
Hyvää ja kaunista.
Tunsin sen.
Sydämessä iloiten.
Pieniä tekoja.
Suuria asioita.
Niistä otin kiinni.
Kaikki täydellistä olikin.
Jokainen rakasti toisiaan.
Viha pysyi piilossaan.
Voiko mikään olla parempaa.
Kunnes silmät avaan.
Herään tähän oikeaan.

Olen vaivoin kulkenut.
Rämpinyt noita polkuja,
Joita elämäksi kutsut.
Jokaisen kiven pohjassa jalkojen tuntenut.
Monesti reitiltä oikealta eksynyt.
Taas matkaa taittamaan alkanut.
Polun paremman mielestäni löytänyt.
Taakse noiden mutkien kuitenkin silmistä muiden kadonnut.
Apua usein huutanut.
Toivonut olisipa kaiku edes vastannut.
Lujempaa juossut.
Olisiko joku edes vastaan tullut.
Kunnes vain huomannut.
Olen taas alkuun palannut.

Sanoilla raiskattu.
Sielu inholla tuhottu.
Ihminen vailla arvoa.
Kuule minua.
Olen tässä.
Hiljaa sydämeni häpäissyt.
Katso silmiin tunne kipuni.
Huuda tuskaani.
Anna minulle edes hetkeksi arvoni.

Vääriä sanoja.
Turhia tekoja.
Aamuisia hengenvetoja.
Murheita omia.
Toisten omittuja.
Elämässä opittuja.
Itkuja ikäviä.
Raskaita kyyneleitä.
Poskien täytettä.
Turhia toiveita.
Elämän ohjeita.
Yhtä vailla.
Matkalippua.
Yksi suunta.
Pois kaikesta.

Näemme kaiken.
Vaikka mitään emme näe.
Kuulemme kaiken.
Vaikka mitään emme Kuule.
Tunnemme kaiken.
Vaikka mitään emme tunne.
Ymmärrämme kaiken.
Vaikka mitään emme ymmärrä.

Päättymätön tarina.
Päättyi ennen alkua.
Rakkaudesta kertoen.
Lopun tietäen.
Se loppui jo ennen alkua.
Suudelma viimeinen.
Oli se ensimmäinen.
Rakkauden tunnustukset.
Sanat ensimmäiset.
Kertomus täydellinen.
Loppu oli sana ensimmäinen.
Yhdessä päätettiin.
Kyyneleet pisteeksi laitettiin.
Tarina väliin kansien.
Kera pinnan pölyisen.
Hyllyyn unohdettiin.
Ennen kuin sanaakaan luettiin.

Tarvitseeko viimeistä
viestiä kirjoittaa.
Jos et jaksa tätä
meidän tarinaa.
Kivikkoista tietä kulkea.
Silmäsi haluaisit jo sulkea.
Ikiuneen käydä nukkumaan.
Pahan maailman unohtaa.
Siksi nyt hakataan.
Sanat viimeiset
kiveen kaiverretaan.
Yhteen lauseeseen.
Kaiken tein,
toivon sen riittäneen.

Äidilleni

Nyt se loppui
Matkamme pitkä ja karikkoinen.
Saavutimme sen.
Rannan viimeisen.
Ei enää virta vie.
Loppui elämän mittainen tie
Tulimme perille.
Päätepysäkille.

Äidilleni

Matka varjoista valoon on enemmän kuin nyt jaksaa.
Ei sitä halua enää jatkaa.
Jään tähän lepäämään.
Pimeyden huntuun hetken viettämään.
Jos hetki tunniksi muuttuu.
Ajantaju pimeyteen hautautuu.
Annatko minun vain olla.
Näillä varjojen vainioilla.

Kaiken jo kestänyt.
Vielä hetken tässä ja nyt.
Vasten tuulta elämäksi kutsuttua.
Huokaisen ja taivun,
Saanko jo nukuttua.
Voinko vain levähtää.
Kun en jaksa enempää.

Sivu viimeinen on edessäsi.
Sanat viimeiset luettavissa.
Tarina päättymässä on.
Matka päätökseensä tullut on.
Ei juonta voi muuttaa.
Ratkaisu on muuttumaton.
Seuraavaksi kannet suljetaan.
Kirja sivuun laitetaan.
Pöly pintaa kohta koristaa.
Se on kuin tämä.
Jota elämäksesi kutsutaan.

Tarina alkaa jostakin.
Päättyy johonkin.
Sanoja mahtuu väliin.
Onko niillä merkitystä.
Onko merkitys välissä sanojen.
Kuvat kannen ovatko sydän tarinan vai illuusio.
Jälkeen pisteen viimeisen voiko mikään jatkua.
Oliko tarina siinä.
Välissä kansien.
Likaantuneet ja kuluneet aikana vuosien.
Lukijana saat sen päättää.
Tarina joko kuolee tai muistoissa elää.
Minä teen vain teon viimeisen.
Kirjoitan tähän pisteen.

Vuosia sitten aloitin keräämään omia kirjoitelmia talteen. Osasta tuli niin erikoisia tai henkilökohtaisia, että ne jääköön ikuisesti omaan arkistoon. Osa on ollut vain kokeilu luontoista kirjoittelua. Muutama vuosi sitten virisi ajatus. Josko tekisin näistä teksteistäni kirjan. En siksi, että saisin sitä myytyä ihmisille, vaan koska haluaisin jättää näistä kirjoittamistani sanoista konkreettisen muiston. Tämä kirja on omakustanne ja en edes yrittänyt tarjota mihinkään. Kirjan tekstit ovat fiktiivisiä, toiveita, totuuksia ja kaikkea siltä väliltä. Moni teksteistäni syntyy juuri siinä hetkessä missä olen. Hetkessä, jossa näen tai kuulen jotain. Hetkessä, jossa on taikaa. Tunnustan, että kirjoitan helpommin melankolisia tarinoita, kuin iloisia. Tämä projekti kuitenkin haastoi minut myös valon paremmalle puolelle. Uskalsin, jopa kirjoittaa muutan hieman kiihkeämmän tekstin. Tunnustan myös, että en ole mikään kirjailija tai kirjoittaja. En ole koskaan ollut mikään äidinkielen, kirjallisuuden tai runouden taitaja. Kirjoitan vaan ajatuksia ja tuntemuksia siitä mitä omassa päässä liikkuu. Näin ollen sisällön ymmärtämisen vastuu on täysin lukijalla. Kiitos jos olet jaksanut lukea kirjassa olleita rivejä ja toivottavasti ne ovat herättäneet joitain ajatuksia. Loppuun laitan vielä tekstin, jonka vuosia sitten päätin, että on viimeinen teksti kirjaani.

On näytös päättynyt.
Katsojat kotiin lähtenyt.
Vain estradin valot vielä varjoja tuottaa.
Yksinäisen hahmon vangiksi ottaa.
Tuo hymy ikuinen valoon piirtyy.
Vaikka värit sen tieltä kyyneleiden siirtyy.
Hiljaisuus areenan täyttää.
Jälkeen naurujen se kylmältä näyttää.
Pää polviin jo painuu.
Hymy ikuinen hiljaiseen telttaan haihtuu.
Vielä hetki sitten kaikki nauroi.
Tuo klovni sen kaikilta esiin taikoi.
Hiljaisuus nyt ilman täyttää.
Varjo valojen jälkeen totuuden näyttää.
Edessä kaiken yleisön.
Ilo on se mistä hän luo näytännön.
Nyt hiljaa vaipuu varjoihin.

Kuvat sivuilla 10-105: Suvi Manninen   Etu- ja takakannen suunnittelu, taitto: Santeri Sario